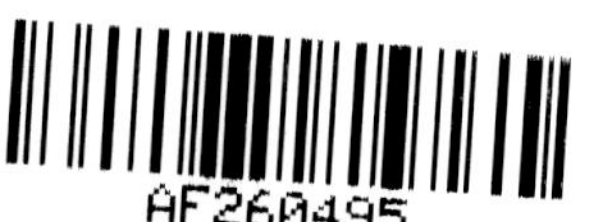
AF260495